Comment Surmonter la Toxicité et le Dysfonctionnement au Travail

Guide Étape par Étape Pour Reconnaître, Réagir et Reprendre le Contrôle

Par

Jennifer Govers

Copyright © 2024 Jennifer Govers

Tous droits réservés. Aucune partie de cette publication ne peut être reproduite, distribuée ou transmise sous quelque forme ou par quelque moyen que ce soit, y compris la photocopie, l'enregistrement ou d'autres méthodes électroniques ou mécaniques, sans l'autorisation écrite préalable de l'éditeur, sauf dans le cas de brèves citations incorporées dans des critiques et certaines autres utilisations non commerciales autorisées par la loi sur le droit d'auteur.

Ce livre est une œuvre de fiction. Les noms, personnages, lieux et incidents sont le produit de l'imagination de l'auteur ou sont utilisés de manière fictive. Toute ressemblance avec des événements, des lieux ou des personnes réels, vivants ou décédés, est entièrement fortuite.

Table des Matières

Introduction

Traverser le Paysage Toxique

Chapitre 1

Reconnaître la Toxicité : Décrypter les Signes et Les Symptômes

- Identifier les Comportements et Environnements Toxiques
- Impact Sur la Santé Mentale et la Productivité
- Études de Cas : Exemples de Diverses Formes de Toxicité Sur le Lieu de Travail

Chapitre 2

Réagir Aux Dysfonctionnements : Stratégies Efficaces de Confrontation

- Techniques de Communication Pour Gérer les Comportements Toxiques

- Établir Des limites et se Défendre
- Trouver de L'aide : Des Alliés et des Ressources Pour Gérer la Toxicité

Chapitre 3

Reprendre Son Autorité : Prendre des Mesures Pour un Milieu de Travail Plus Sain

- Cultiver la Résilience: Mécanismes D'adaptation Pour Gérer la Toxicité
- Plaidoyer Pour le Changement: Initier des Dialogues et des Actions Pour L'amélioration
- Considérations Juridiques: Comprendre les Droits et les Recours Possibles

Chapitre 4

Promouvoir une Transformation Positive : Créer un Environnement de Travail Sain

- <u>Le Rôle du Leadership Dans la Lutte Contre la Toxicité Sur le Lieu de Travail et sa Prévention</u>
- <u>Stratégies Pour Revitaliser les Environnements de Travail Afin de Favoriser le Travail D'équipe et L'excellence</u>
- <u>Maintenir la Dynamique: Assurer la Viabilité à Long Terme d'un Environnement de Travail Positif</u>

<u>Conclusion</u>

Introduction

Traverser le Paysage Toxique

Dans les environnements de travail en évolution rapide d'aujourd'hui, manœuvrer dans les complexités du lieu de travail moderne peut souvent ressembler à naviguer sur un terrain dangereux. Les indicateurs de toxicité ne sont pas toujours évidents ; ils peuvent subtilement imprégner notre environnement, se manifester sous diverses formes, avoir un impact sur notre bien-être et notre efficacité, et nous laisser un sentiment d'épuisement, de démoralisation et de déconnexion.

Cependant, reconnaître ces signaux nécessite une prise de conscience accrue. En comprenant les comportements et la dynamique qui alimentent la toxicité, nous améliorons notre capacité à les détecter lorsqu'ils font surface. Qu'il s'agisse de microgestion, de harcèlement ou de promotion d'une culture d'intimidation, l'identification des signes avant-coureurs constitue le premier pas vers la reconquête de l'autorité sur notre environnement de travail.

En outre, les répercussions de la toxicité vont au-delà de la détresse individuelle ; elles entravent considérablement la performance organisationnelle. Les taux de rotation élevés, la baisse du moral et l'escalade des conflits contribuent collectivement à une culture de travail toxique qui, en fin de compte, sape la productivité et l'innovation. La reconnaissance de ces ramifications souligne l'urgence de s'attaquer de manière proactive à la toxicité.

Tout au long de ce manuscrit, nous examinerons les subtilités de la toxicité sur le lieu de travail, étudierons ses manifestations multiformes et proposerons des approches pragmatiques pour des réponses efficaces. En permettant aux individus de discerner, d'aborder et finalement de reprendre le contrôle des atmosphères de travail toxiques, notre objectif est de cultiver des lieux de travail plus robustes et plus productifs pour tous.

Chapitre 1

Reconnaître la Toxicité : Décrypter les Signes et Les Symptômes

Pour favoriser un environnement de travail plus sain, il est primordial de comprendre les signes et les manifestations de la toxicité. Les comportements toxiques peuvent se manifester sous diverses formes, depuis des formes nuancées de manipulation et d'agression passive jusqu'à l'hostilité et au harcèlement purs et simples. Il est essentiel de reconnaître ces comportements à un stade précoce, car ils s'intensifient souvent avec le temps, favorisant une ambiance toxique qui s'infiltre dans tout le lieu de travail. Les indicateurs peuvent inclure des commérages excessifs, des rejets de responsabilité récurrents ou un manque généralisé de responsabilité parmi les membres de l'équipe. De plus, les environnements toxiques prospèrent souvent sur les différences de pouvoir et les structures hiérarchiques, où certains individus exercent une influence disproportionnée, exploitant leur position pour leur bénéfice personnel ou pour nuire aux autres. En affinant notre capacité à discerner ces signes et symptômes, nous nous donnons les moyens de lutter de manière proactive contre la toxicité et d'empêcher que son impact corrosif ne se propage davantage.

Identifier les Comportements et Environnements Toxiques

Ce parcours exige une compréhension fine des interactions humaines et de la dynamique organisationnelle. Il ne s'agit pas toujours d'identifier des actes clairs d'agression ou d'hostilité ; souvent, la toxicité se manifeste de manière subtile qui peut passer inaperçue. Par exemple, des remarques passives-agressives, des critiques dissimulées envers des collègues ou des ragots peuvent sembler anodins au départ, mais ils peuvent progressivement éroder la confiance et favoriser une culture de toxicité au sein des équipes et des services.

De plus, les environnements toxiques prospèrent souvent sur les déséquilibres de pouvoir et les arrangements hiérarchiques, où certains individus exploitent leur position pour exercer une influence indue ou saboter les autres. Cette dynamique favorise une atmosphère d'appréhension et de coercition, décourageant les employés d'exprimer leurs inquiétudes ou de remettre en question le statu quo par crainte de représailles. En outre, les comportements toxiques peuvent s'étendre au-delà des interactions interpersonnelles pour englober des pratiques organisationnelles plus larges, telles que des attentes injustes, un manque de transparence ou des politiques discriminatoires. Ces problèmes systémiques perpétuent une culture de toxicité qui imprègne toute l'organisation, affectant le moral, la productivité et le bien-être général.

En développant une conscience accrue de ces schémas de toxicité, les individus peuvent améliorer leur capacité à identifier et à résoudre ces problèmes avant qu'ils ne s'aggravent. Cela implique non seulement d'observer les comportements individuels, mais également d'examiner les facteurs structurels et culturels sous-jacents contribuant à la toxicité sur le lieu de travail.

Impact Sur la Santé Mentale et la Productivité

Les répercussions de la toxicité sur le lieu de travail sur la santé mentale et la productivité sont profondes et complexes, affectant toutes les facettes de notre vie professionnelle et plus encore. Fondamentalement, la toxicité engendre un environnement chargé de stress, d'appréhension et d'ambiguïté alors que les individus naviguent dans un labyrinthe de conflits interpersonnels, de luttes de pouvoir et de comportements indésirables. L'exposition perpétuelle à de tels éléments délétères peut avoir des conséquences de grande portée sur notre bien-être mental, érodant notre confiance en nous, notre assurance et notre sentiment d'appartenance au sein de l'organisation.

Prenez, par exemple, le prix à payer pour lutter contre un supérieur trop contrôlant qui scrute chaque aspect de votre travail, vous laissant le sentiment d'être étouffé et sous-estimé. Ou l'exaspération de naviguer dans la politique et les cliques du bureau, où le favoritisme et la trahison sapent la confiance et la coopération. Si l'on ajoute à cela le fardeau de la discrimination et du harcèlement fondés sur des facteurs tels que le sexe, la race ou l'orientation sexuelle, il n'est pas surprenant que de nombreux employés se retrouvent aux prises avec des sentiments d'isolement, d'inadéquation et même de découragement.

L'impact cumulé de ces facteurs de stress peut se matérialiser par une multitude de conséquences néfastes sur la santé mentale, allant de l'épuisement professionnel et de l'anxiété à la dépression et même au trouble de stress post-traumatique (TSPT). La pression incessante pour performer, associée à la crainte de représailles ou de représailles pour avoir dénoncé un comportement toxique, peut piéger les individus dans un tourbillon de négativité et d'impuissance. Par conséquent, l'efficacité diminue à mesure que les employés s'efforcent de rassembler la motivation et la concentration nécessaires pour exceller dans leurs fonctions. Au lieu de canaliser leur énergie vers un travail significatif et l'innovation, ils se retrouvent à dépenser des ressources inestimables pour naviguer dans des dynamiques dangereuses et préserver leur bien-être mental et émotionnel.

De même, les ramifications de la toxicité s'étendent au-delà des employés individuels ; Les problèmes de santé mentale et de productivité se propagent dans toute l'organisation, impactant le moral, l'engagement et, en fin de compte, les résultats financiers. Des niveaux élevés de stress et d'insatisfaction au travail peuvent aboutir à une augmentation de l'absentéisme, à des taux de rotation du personnel plus élevés et à l'exode d'employés talentueux en quête d'un refuge dans des environnements de travail plus sains. Cela perturbe non seulement la continuité des opérations commerciales, mais entraîne également des coûts importants liés au recrutement, à la formation et à la perte de productivité.

Reconnaître l'interdépendance de la santé mentale et de la productivité souligne l'urgence de s'attaquer à la toxicité sur le lieu de travail et de favoriser une culture de respect, d'inclusion et de soutien. En donnant la priorité au bien-être des employés et en cultivant des environnements où les individus se sentent valorisés, respectés et habilités à dénoncer les comportements toxiques, les organisations peuvent libérer tout le potentiel de leur personnel et cultiver une culture de travail prospère et durable pour les années à venir.

Études de Cas : Exemples de Diverses Formes de Toxicité Sur le Lieu de Travail

1. **Le Dilemme de la Microgestion:** Emily, une chef de projet dévouée, s'est retrouvée piégée dans un environnement de travail oppressif où chacun de ses mouvements était scruté par son superviseur. Malgré la vaste expérience d'Emily et ses antécédents de réussite avérés, son supérieur a insisté pour lui dicter chaque détail de son travail, ce qui lui a donné le sentiment d'être étouffée et sous-estimée. Ce comportement incessant a érodé le moral d'Emily, ce qui a finalement entraîné un épuisement professionnel et une envie de quitter l'entreprise.

2. **L'atmosphère Toxique de L'équipe:** Alex, un développeur de logiciels qualifié, a rejoint une nouvelle équipe pour découvrir la prévalence d'une dynamique toxique. Malgré les prouesses techniques de l'équipe, la communication était entachée de comportements désagréables et de type clique. Alex s'est retrouvé exclu des discussions et des décisions cruciales, car ses collègues favorisaient les personnes qui s'alignaient sur leurs objectifs personnels. Les tentatives de rectification de la situation se sont heurtées à la résistance et au rejet, ce qui a exacerbé le climat toxique. Frustré et désenchanté, Alex s'est désengagé de son travail, ce qui a entraîné une baisse de ses performances et de son moral.

3. **La Culture de L'intimidation:** Sarah, une professionnelle des RH chevronnée, a été embauchée par une entreprise réputée pour sa culture impitoyable. Dès son premier jour, Sarah a été soumise à une pression incessante pour atteindre des objectifs inatteignables et adhérer à des normes rigides. Tout écart par rapport à la norme était rapidement réprimandé et menacé de licenciement. Le fait de voir des collègues être réprimandés publiquement pour des erreurs mineures a créé une atmosphère de peur et d'appréhension. Bien qu'elle ait plaidé en faveur d'une approche plus compatissante, Sarah a dû faire face à l'opposition de la haute direction qui privilégiait les résultats au détriment du bien-être des employés. Se sentant impuissante à apporter des

changements, Sarah a dû faire face à un stress persistant et à l'incertitude quant à son avenir au sein de l'entreprise.

4. **Le Supérieur Qui Intimide:** Jake, un jeune associé en marketing, s'est retrouvé dans un environnement de travail hostile où son superviseur le rabaissait et le dénigrait régulièrement devant ses pairs. Malgré les efforts de Jake pour répondre aux attentes de son supérieur et améliorer ses performances, les abus verbaux ont persisté. Jake a perdu confiance en lui et a commencé à redouter chaque journée de travail. Bien qu'il se soit confié aux RH sur la situation, Jake n'a reçu qu'une aide ou une intervention minimale, car la culture de l'entreprise tolérait et même normalisait ce comportement de la part de la haute direction. Se sentant pris au piège

et sous-estimé, Jake a fini par démissionner de son poste en quête d'un environnement de travail plus sain.

5. **La Coutume Discriminatoire:** Maria, une graphiste talentueuse, a été confrontée à la discrimination et à la marginalisation en raison de son sexe dans un milieu de travail à prédominance masculine. Malgré ses créations innovantes et ses contributions à l'équipe, les idées de Maria étaient souvent ignorées ou attribuées à ses homologues masculins. Elle a également subi des commentaires et des comportements inappropriés de la part de ses collègues masculins, favorisant une ambiance hostile et peu accueillante. Malgré ses inquiétudes auprès des RH, Maria n'a reçu que peu de soutien ou de reconnaissance du problème, car

l'entreprise n'avait pas les politiques et procédures nécessaires pour lutter efficacement contre la discrimination fondée sur le sexe. Frustrée et démoralisée, Maria a quitté son poste pour un lieu de travail plus inclusif.

Ces exemples illustrent les différentes formes de toxicité au travail et leur impact négatif sur les individus et la culture organisationnelle. Il est essentiel de s'attaquer à ces problèmes pour favoriser un environnement où tous les employés se sentent valorisés et respectés.

Chapitre 2

Réagir Aux Dysfonctionnements : Stratégies Efficaces de Confrontation

Lorsque nous sommes confrontés à la toxicité au travail, il est impératif de nous doter d'approches efficaces pour aborder directement ces problèmes. Qu'il s'agisse de gérer un supérieur contrôlant, de naviguer dans la dynamique du bureau ou de lutter contre une conduite discriminatoire, il existe des méthodes pour protéger nos limites, préserver notre bien-être et promouvoir un changement constructif.

- **Dialogue Transparent:** Initier une communication ouverte et sincère est une première étape cruciale pour aborder les dysfonctionnements. Exprimer ses préoccupations directement et respectueusement aux parties concernées encourage un dialogue constructif, empêchant les tensions sous-jacentes de s'aggraver.

- **Établir des Limites:** Définir clairement des limites est essentiel pour préserver la santé mentale et émotionnelle dans les environnements toxiques. Identifier les comportements acceptables et inacceptables et s'affirmer lorsque ces limites sont franchies envoie un message clair que les mauvais traitements ne seront pas tolérés.

- **Demander de L'aide:** Reconnaître que nous n'avons pas besoin d'affronter la toxicité seuls est essentiel. Demander conseil à des collègues de confiance, à des mentors ou au personnel des RH offre des informations et un soutien précieux, validant nos expériences et nous donnant les moyens de réagir.

- **Documenter Les Cas:** Dans les cas de toxicité grave ou persistante, il devient nécessaire de conserver un registre des incidents. Cette documentation peut servir de preuve si une action formelle, comme le dépôt d'une plainte auprès des RH ou la poursuite de voies juridiques, s'avère nécessaire. Une documentation claire et factuelle renforce notre dossier et illustre les modèles de comportement préjudiciables.

- **Rechercher une Résolution:** En fin de compte, l'objectif est de résoudre le dysfonctionnement et de favoriser un changement positif sur le lieu de travail. S'engager dans des processus de médiation ou de résolution de conflit facilite le dialogue et aborde les problèmes sous-jacents. Adopter une approche axée sur la solution et une volonté de collaborer peut conduire à des résolutions constructives.

En résumé, traiter le dysfonctionnement sur le lieu de travail exige de l'affirmation de soi, une communication efficace et de la résilience. En employant ces stratégies, nous pouvons affronter la toxicité de front et plaider en faveur d'un environnement de travail plus sain et plus propice pour nous-mêmes et nos pairs.

Techniques de Communication Pour Gérer les Comportements Toxiques

Lorsque l'on gère un comportement toxique au travail, une communication efficace joue un rôle essentiel. En employant des techniques spécifiques, nous pouvons engager des conversations difficiles avec assurance et assertivité, facilitant la compréhension et encourageant les transformations positives.

- **Utilisez des Déclarations à la Première Personne:** Lorsque vous abordez un comportement toxique, il est essentiel d'exprimer nos inquiétudes en utilisant des déclarations à la première personne pour transmettre nos sentiments à propos de la situation. Par exemple, au lieu de dire : « Tu me microgères toujours », nous pouvons dire : « Je me sens dépassé et démotivé lorsque je reçois constamment des commentaires sur mon travail. »

- **Concentrez-vous Sur des Actions Spécifiques:** Plutôt que de porter des accusations générales, il est bénéfique d'identifier les comportements particuliers qui causent de la détresse. Fournir des exemples concrets de la conduite problématique permet d'éviter les malentendus et garantit la clarté et des commentaires exploitables.

- **Mettez en Évidence l'impact:** Illustrer les répercussions d'un comportement toxique sur nous-mêmes et sur les autres ajoute du poids à nos préoccupations. Qu'il s'agisse de détailler son impact sur la productivité, le moral ou le bien-être, l'articulation des conséquences tangibles aide à transmettre la gravité de la situation.

- **Pratiquez L'écoute Active:** Une communication efficace implique la participation active des deux parties, ce qui nécessite une écoute attentive lors des discussions sur un comportement toxique. Cela implique d'accorder une attention totale, de résumer leurs points de vue pour plus de clarté et de reconnaître leurs émotions, même si nous ne sommes pas d'accord avec leur point de vue.

- **Explorez les Solutions:** Au lieu de vous focaliser sur la négativité, concentrez-vous sur l'élaboration de solutions et sur la progression collaborative. Le brainstorming conjoint de mesures concrètes pour lutter contre les comportements toxiques témoigne d'un engagement à résoudre les problèmes de manière constructive.

- **Établissez des Limites:** Articuler clairement nos limites et nos attentes concernant le comportement acceptable sur le lieu de travail établit des normes sur la façon dont nous souhaitons être traités et favorise la responsabilité de maintenir un environnement de travail positif.

- **Suivi:** Après avoir abordé un comportement toxique, il est essentiel de faire un suivi avec la personne pour suivre les progrès. Reconnaissez tout changement positif et maintenez une communication ouverte concernant les préoccupations ou les défis persistants.

En intégrant ces stratégies de communication, nous pouvons aborder les discussions sur les comportements dangereux avec confiance, empathie et efficacité. En fin de compte, il est impératif de favoriser un dialogue ouvert et un respect mutuel pour lutter contre la toxicité et cultiver un environnement de travail plus sain et plus propice pour tous.

Établir Des limites et se Défendre

Établir et maintenir des limites tout en s'affirmant avec assurance sont des étapes essentielles pour lutter contre les comportements préjudiciables dans les environnements professionnels. En décrivant clairement les comportements acceptables et inacceptables, les individus préservent leur intégrité et favorisent une culture fondée sur le respect et la responsabilité.

1. **Reconnaissez vos Limites:** Réfléchissez aux comportements que vous êtes prêt à accepter par rapport à ceux qui transgressent vos limites, englobant l'agression verbale, les violations de l'espace personnel ou les critiques

excessives. La compréhension de ces limites permet aux individus de s'affirmer lorsque cela est nécessaire.

2. **Communiquez Clairement:** Une fois les limites identifiées, communiquez-les de manière assertive et respectueuse aux parties concernées. Articulez clairement les comportements inacceptables et les répercussions du non-respect de ces limites. Par exemple, « J'attends une communication respectueuse. Toute utilisation de langage désobligeant ou de voix élevée entraînera la fin de la conversation. »

3. **Utilisez un Langage Assertif:** Utilisez un langage assertif qui respire la confiance et la lucidité lorsque vous énoncez vos limites. Évitez de vous excuser ou de

minimiser vos sentiments, et exprimez-vous plutôt fermement et directement. Par exemple : « Je me sens mal à l'aise lorsque je suis interrompu pendant les réunions. Je m'attends à pouvoir m'exprimer sans interruption à l'avenir. »

4. **Restez Déterminé:** il est courant que les autres remettent en question les limites établies, en particulier s'ils ont l'habitude de les outrepasser sans conséquence. Restez déterminé et refusez de céder face à des situations qui mettent ces limites à l'épreuve. N'oubliez pas que l'affirmation de soi n'est pas une question de confrontation, mais de défense du bien-être et de la dignité personnels.

5. **Appliquez les Conséquences :** en cas de violations répétées des limites malgré une communication claire, il est impératif

d'appliquer les conséquences. Les options incluent le retrait de la situation, la recherche de soutien auprès des RH ou d'un superviseur, ou l'établissement de limites plus fermes à l'avenir. La cohérence souligne le sérieux de l'application des limites.

6. **Donnez la Priorité Aux Soins Personnels** Établir et respecter des limites peut être éprouvant sur le plan émotionnel, ce qui nécessite des mesures de soins personnels pour maintenir le bien-être. Que ce soit par des pauses, en participant à des activités agréables ou en recherchant le soutien de ses proches, il est essentiel de veiller à prendre soin de soi-même tout en affirmant ses limites.

7. **Demandez de L'aide si Nécessaire:** Si vous avez du mal à affirmer vos limites ou

si vous rencontrez une résistance, n'hésitez pas à demander conseil à des pairs de confiance, à des mentors ou aux RH. Avoir un allié qui vous soutient peut offrir des informations précieuses et des encouragements dans des circonstances difficiles.

En fixant et en affirmant résolument des limites, les individus posent les bases d'une dynamique de travail plus saine et plus respectueuse. N'oubliez pas que défendre le bien-être personnel n'est pas seulement nécessaire ; c'est un droit fondamental en tant que membre précieux de l'équipe.

Trouver de L'aide : Des Alliés et des Ressources Pour Gérer la Toxicité

Sur le terrain souvent tumultueux du milieu de travail, affronter la toxicité peut sembler être une traversée en eaux troubles en solo. Cependant, il est essentiel de comprendre que vous n'avez pas à porter le fardeau seul. Demander l'aide d'alliés et utiliser les ressources accessibles peut jouer un rôle essentiel pour gérer et traiter efficacement les comportements toxiques.

Tout d'abord, l'identification d'alliés au sein de votre lieu de travail peut insuffler un sentiment d'unité et d'autonomie. Des collègues, des mentors ou des superviseurs de confiance qui comprennent vos expériences et partagent votre dévouement à favoriser un environnement de travail plus sain peuvent vous fournir des conseils, des idées et un soutien inestimables. Qu'il s'agisse de vous confier à un collègue pendant une pause-café ou de rechercher le mentorat d'un professionnel expérimenté, le fait d'avoir des alliés qui vous soutiennent peut considérablement améliorer votre capacité à affronter la toxicité en toute confiance.

De plus, établir ou rejoindre des réseaux de soutien axés sur la lutte contre la toxicité au travail peut cultiver un sentiment d'appartenance et d'affirmation. Entrer en contact avec des personnes qui ont rencontré des obstacles similaires peut offrir un refuge sûr pour échanger des expériences, demander des conseils et élaborer des stratégies efficaces. Qu'il s'agisse d'un groupe informel de collègues ou d'un réseau professionnel formel, ces systèmes de soutien peuvent servir de piliers de force et de résilience face à l'adversité.

En outre, tirer parti des ressources disponibles au sein de votre organisation peut être indispensable pour manœuvrer à travers des dynamiques toxiques. De nombreuses entreprises proposent des programmes d'aide aux employés (PAE) qui fournissent des conseils confidentiels, des ressources et une aide aux employés confrontés à des obstacles personnels ou professionnels. Ces programmes offrent un espace sans jugement pour discuter des préoccupations, explorer les solutions potentielles et accéder à des services de soutien supplémentaires si nécessaire.

Le fait de collaborer avec le service des ressources humaines ou l'équipe des relations avec les employés de votre organisation peut également offrir des conseils et une assistance pour faire face à la toxicité sur le lieu de travail. Les professionnels des ressources humaines sont experts dans la gestion des problèmes sur le lieu de travail et peuvent apporter un soutien pour naviguer dans des dynamiques complexes, y compris des voies de médiation, de résolution de conflit et de dépôt de plaintes officielles si nécessaire. N'hésitez pas à demander de l'aide si vous êtes confronté à une toxicité persistante ou grave sur le lieu de travail - votre équipe RH est là pour vous aider.

Dans certains cas, il peut être impératif de faire appel à un soutien externe auprès de coachs professionnels, de thérapeutes ou de conseillers juridiques pour lutter efficacement contre la toxicité au travail. Ces experts peuvent fournir une expertise spécialisée et des conseils adaptés à votre situation particulière, vous aidant à négocier des dynamiques complexes et à défendre votre bien-être avec assurance.

Vous renseigner sur les comportements toxiques et les stratégies efficaces pour y faire face peut vous permettre de mieux gérer les situations difficiles. Profitez de ressources telles que des ouvrages, des articles, des ateliers et des cours en ligne axés sur la dynamique du lieu de travail, les compétences en communication et la résolution des conflits. Vous doter de connaissances et de compétences peut renforcer votre confiance et votre résilience pour affronter de front la toxicité.

Enfin, n'oubliez pas de donner la priorité aux soins personnels au milieu des épreuves liées à la lutte contre la toxicité au travail. Faire face à un comportement toxique peut avoir des conséquences néfastes sur votre bien-être mental et émotionnel, alors faites de vos soins personnels une priorité. Que ce soit par des pratiques de pleine conscience, en vous adonnant à des passe-temps que vous aimez ou en recherchant le soutien de vos proches, assurez-vous de prendre soin de vous malgré les obstacles que vous rencontrez.

En résumé, il est indispensable de demander l'aide de ses alliés et d'utiliser les ressources accessibles pour gérer efficacement la toxicité au travail. N'oubliez pas que vous n'êtes pas seul à faire face à ces défis et que des personnes et des ressources sont à votre disposition pour vous soutenir à chaque étape du processus. En exploitant le pouvoir des réseaux de soutien, en exploitant les ressources disponibles et en donnant la priorité aux soins personnels, vous vous donnez les moyens d'affronter la toxicité avec résilience, confiance et intégrité.

Chapitre 3

Reprendre Son Autorité : Prendre des Mesures Pour un Milieu de Travail Plus Sain

En présence de toxicité au travail, reprendre son autorité devient le point culminant du développement d'une atmosphère plus saine et plus solidaire. Grâce à des mesures proactives visant à résoudre les problèmes sous-jacents et à entretenir une culture positive, nous pouvons nous donner les moyens, ainsi qu'à nos pairs, d'exceller tant sur le plan professionnel que personnel.

1. **Montrer L'exemple:** En tant qu'individus, nous exerçons l'influence nécessaire pour façonner la culture et l'énergie au sein de notre milieu de travail. En incarnant des valeurs de respect, d'empathie et d'inclusion dans nos interactions, nous créons un précédent positif pour nos collègues et contribuons à un environnement de travail solidaire et coopératif. Qu'il s'agisse d'écouter avec sympathie un collègue en difficulté ou de défendre les efforts de diversité et d'inclusion, chaque action a le potentiel d'entraîner un changement.
2. **Favoriser une Communication Ouverte:** Encourager des relations transparentes et franches entre les membres de l'équipe en établissant des plateformes de dialogue et de rétroaction.

Que ce soit par le biais de réunions d'équipe régulières, de canaux de suggestions anonymes ou de contrôles individuels, favoriser un environnement d'ouverture et de confiance peut faciliter l'identification précoce des problèmes et empêcher l'escalade des conflits. En offrant un espace sécurisé aux individus pour exprimer leurs préoccupations et échanger des points de vue, nous cultivons un sentiment d'appartenance et de respect mutuel sur le lieu de travail.

3. **Mettre en œuvre des Politiques et des Protocoles Clairs:** L'application de politiques et de protocoles sans ambiguïté pour lutter contre les comportements toxiques communique une position ferme contre de tels comportements sur le lieu de travail. Veiller à ce que les employés

connaissent leurs droits et obligations, et leur fournir une formation et un soutien pour gérer efficacement les situations difficiles. En établissant un cadre pour lutter contre la condescendance et imposer des conséquences en cas de transgression, nous inculquons la responsabilité et favorisons une culture de respect et de professionnalisme.

4. **Investir dans L'éducation et L'avancement:** Offrir aux employés des moyens d'améliorer leurs prouesses en matière de communication, leur aptitude à résoudre les conflits et leur intelligence émotionnelle grâce à des initiatives éducatives et de développement. Équiper les employés des outils et des ressources nécessaires pour relever efficacement les défis du lieu de travail leur permet de

s'affirmer avec confiance, de résoudre les conflits de manière constructive et de cultiver des relations positives avec leurs pairs. En investissant dans la croissance et l'avancement de notre personnel, nous entretenons une culture d'apprentissage et d'amélioration continue qui profite à tous.

5. **Adoptez la Diversité et L'inclusion:** Acceptez les points de vue, les antécédents et les expériences divers au sein de votre personnel en célébrant la diversité et en favorisant l'inclusion. Créez des opportunités pour que les employés partagent leurs points de vue et leurs contributions uniques, en veillant à ce que chaque individu se sente valorisé et respecté. En favorisant une culture d'inclusion où toutes les voix sont entendues et appréciées, nous favorisons

un lieu de travail plus innovant, engagé et harmonieux, propice à la réussite de tous.

6. **Évaluer et Examiner les Progrès:** Évaluez régulièrement l'efficacité des initiatives visant à lutter contre la toxicité et à cultiver une culture de travail plus saine. Sollicitez les commentaires des employés par le biais d'enquêtes, de groupes de discussion ou de conversations informelles pour évaluer l'impact des interventions et identifier les domaines à améliorer. En restant attentifs et réactifs aux besoins évolutifs de notre personnel, nous nous assurons que les efforts pour reprendre le contrôle sont substantiels et durables à long terme.

Grâce à des mesures proactives visant à reprendre le contrôle de l'entreprise et à favoriser un milieu de travail plus sain, nous créons un environnement où chaque employé se sent valorisé, respecté et capable de s'épanouir. Le changement est un processus graduel qui exige dévouement et efforts, mais en unissant nos efforts et en nous engageant dans une vision commune d'inclusion et de respect, nous pouvons favoriser une culture de travail propice à la réussite de tous.

Cultiver la Résilience: Mécanismes D'adaptation Pour Gérer la Toxicité

Dans notre monde moderne, naviguer à travers diverses formes de toxicité est devenu une compétence essentielle pour maintenir le bien-être mental et émotionnel. Cultiver la résilience est crucial dans cette entreprise, car elle équipe les individus de mécanismes d'adaptation pour gérer efficacement les défis posés par ces environnements dangereux. Un aspect clé du renforcement de la résilience est de développer un fort sentiment de conscience de soi. En comprenant nos propres déclencheurs et vulnérabilités, nous pouvons mieux nous préparer à faire face à des situations toxiques sans être dépassés.

Favoriser un réseau de relations concernées et encourageantes est une autre façon de renforcer considérablement notre résilience face à la toxicité. Qu'il s'agisse d'évacuer ses frustrations, de demander des conseils ou d'avoir quelqu'un qui écoute avec empathie, le soutien des autres atténue l'isolement et nous permet d'affronter l'adversité avec résilience.

S'entourer de personnes qui élèvent et valident nos expériences offre un tampon contre les effets négatifs de ces conditions pernicieuses.

De plus, s'engager dans des pratiques auto-indulgentes est la pierre angulaire du développement de la résilience. Au milieu du chaos de la toxicité, il est courant de négliger notre santé physique, émotionnelle et mentale. Cependant, prendre soin de nous-mêmes est essentiel pour reconstituer notre énergie et maintenir notre persévérance. Cela peut impliquer d'intégrer des activités comme l'exercice, la méditation, la journalisation ou le temps passé avec nos proches dans nos routines. Ce faisant, nous nous renforçons contre les effets corrosifs de la toxicité et nous nous donnons les moyens de mener une vie épanouissante malgré les défis que nous pouvons rencontrer.

L'établissement de limites saines est un autre aspect crucial de la résilience face à la toxicité au travail. Des limites claires préservent notre bien-être et nous permettent de nous affirmer avec confiance lorsque cela est nécessaire. Qu'il s'agisse de refuser des demandes déraisonnables ou de limiter notre engagement dans des interactions toxiques, l'établissement de limites nous permet de donner la priorité à nos besoins et à nos valeurs. Affirmer des limites signale aux autres que nous ne tolérerons pas les mauvais traitements, préservant ainsi notre dignité et notre estime de soi.

De plus, les pratiques de pleine conscience peuvent aider à gérer le stress et à entretenir la résilience au milieu de la toxicité au travail. Des techniques comme la respiration profonde et la méditation cultivent la présence et la clarté, nous permettant de répondre aux défis avec calme. La pleine conscience favorise la conscience de soi et la régulation émotionnelle, facilitant la navigation dans les environnements toxiques avec facilité.

De plus, se concentrer sur ce que nous contrôlons nous permet de lutter contre la toxicité et d'apporter des changements positifs. Bien que nous ne puissions pas contrôler le comportement des autres ou la culture organisationnelle, nous influençons nos attitudes, nos comportements et nos réponses. Défendre les besoins, promouvoir une communication ouverte et favoriser l'inclusion permet de récupérer l'autonomie et l'autonomie dans les environnements toxiques.

Plaidoyer Pour le Changement: Initier des Dialogues et des Actions Pour L'amélioration

Il s'agit d'un effort collaboratif qui exige du courage, de la persévérance et un dévouement pour cultiver un environnement de travail plus sain et plus solidaire. Une étape essentielle pour y parvenir consiste à initier des discussions avec les parties prenantes concernées sur les problèmes actuels. Cela peut impliquer de prendre la parole lors de réunions, d'engager des conversations individuelles avec les superviseurs ou d'animer des dialogues de groupe pour aborder collectivement les préoccupations. En articulant les expériences et les griefs de manière constructive et respectueuse, nous sensibilisons et posons les bases d'un changement positif.

La promotion du changement nécessite souvent de recueillir des preuves et des données pour étayer nos affirmations. Documenter les cas de toxicité, solliciter les commentaires des pairs et rechercher des stratégies efficaces pour s'attaquer aux problèmes sur le lieu de travail renforce nos arguments et souligne l'impératif d'une intervention. En présentant des preuves factuelles et des exemples tangibles, nous présentons des arguments convaincants sur l'urgence et la nécessité du changement.

L'engagement dans une action collective est un autre moyen efficace de plaider en faveur de la transformation et d'apporter des améliorations tangibles sur le lieu de travail. Cela peut impliquer de forger des alliances avec des collègues partageant les mêmes idées pour amplifier nos voix, d'orchestrer des pétitions ou des campagnes de sensibilisation pour mettre en lumière des problèmes spécifiques, ou de participer à des initiatives menées par les employés visant à cultiver une culture organisationnelle plus saine. En mobilisant les efforts collectifs, nous exploitons la force de l'unité et démontrons la solidarité dans notre engagement en faveur d'un changement positif.

En plus d'initier des discussions et d'entreprendre des actions collectives, le plaidoyer en faveur du changement exige de la persévérance et de la résilience face à la résistance ou aux revers. Le changement se heurte souvent à l'opposition, qu'elle émane d'individus retranchés dans le statu quo ou d'obstacles institutionnels perpétuant des normes toxiques. Néanmoins, en restant inébranlables dans nos convictions et en persistant dans nos efforts de sensibilisation, nous démantelons les obstacles au progrès et ouvrons la voie vers un avenir meilleur.

Proposer des solutions et des alternatives concrètes pour s'attaquer aux causes profondes de la toxicité est une autre perspective pour soutenir le changement. Cela peut impliquer la mise en œuvre de nouvelles politiques et de nouveaux protocoles pour prévenir et traiter les mauvaises conduites, la fourniture de formations et de ressources pour favoriser la diversité et l'inclusion, ou l'entretien d'une culture de responsabilité et de respect par le biais d'initiatives de développement du leadership. En proposant des recommandations concrètes d'amélioration, nous démontrons notre engagement à trouver des solutions durables bénéfiques pour tous.

Considérations Juridiques: Comprendre les Droits et les Recours Possibles

Gérer la toxicité sur le lieu de travail peut être éprouvant sur le plan émotionnel et mental, mais il est essentiel de reconnaître qu'il existe des voies de recours et de recours. Il est essentiel de comprendre les aspects juridiques entourant la toxicité sur le lieu de travail pour vous protéger et plaider en faveur d'un changement positif.

Tout d'abord, familiarisez-vous avec les lois et réglementations régissant la conduite sur le lieu de travail et les mesures de protection contre le harcèlement, la discrimination et les représailles. Il peut s'agir de lois fédérales telles que le titre

VII de la loi sur les droits civils, l'Americans with Disabilities Act (ADA), l'Age Discrimination in Employment Act (ADEA) et l'Occupational Safety and Health Act (OSHA), ainsi que de dispositions étatiques et locales offrant des protections supplémentaires.

Si vous pensez avoir été victime de harcèlement, de discrimination ou de représailles au travail, il est impératif de documenter les incidents et de rassembler des preuves à l'appui de vos allégations. Cela peut impliquer de tenir un journal complet détaillant les dates, les heures et les descriptions des comportements problématiques, ainsi que de rassembler toute correspondance, tout message ou tout dossier pertinent corroborant vos expériences.

Une fois les preuves rassemblées, envisagez de demander l'aide des RH, d'un superviseur ou d'un avocat spécialisé en droit du travail pour explorer les voies de recours potentielles. Selon la gravité et la nature de la faute, vous pouvez déposer une plainte officielle auprès des RH ou d'un organisme gouvernemental comme la Commission pour l'égalité des chances en matière d'emploi (EEOC) ou le ministère du Travail (DOL), ou engager une procédure judiciaire par le biais d'une action civile.

Avant de procéder officiellement, il est essentiel d'évaluer les risques et les répercussions potentiels, ainsi que la probabilité d'une issue favorable. Les processus juridiques peuvent être longs, éprouvants sur le plan émotionnel et peuvent mettre à rude épreuve les relations de travail, ce qui nécessite un examen attentif des options et des conseils de professionnels compétents.

En plus du recours juridique, envisagez des méthodes alternatives pour résoudre les conflits sur le lieu de travail et faire face à la toxicité, telles que la médiation ou l'arbitrage, dans lesquels un tiers neutre facilite les discussions pour parvenir à une résolution mutuellement acceptable. Ces mécanismes alternatifs de résolution des conflits sont souvent plus rapides, moins conflictuels et plus propices à la préservation des relations de travail que les litiges traditionnels.

En fin de compte, connaître vos droits et vos recours vous permet de prendre le contrôle de votre situation et de défendre un milieu de travail plus sain et plus respectueux. Que ce soit par le biais d'un dialogue informel avec les RH, d'une médiation ou d'une action en justice, reconnaissez votre capacité à lutter contre la toxicité au travail et à demander justice pour vous-même et pour les autres. En faisant valoir vos droits et en tenant responsables les personnes qui se livrent à des comportements préjudiciables, vous contribuez à favoriser une culture de travail fondée sur le respect, l'équité et l'égalité pour tous.

Chapitre 4

Promouvoir une Transformation Positive : Créer un Environnement de Travail Sain

Développer une atmosphère de travail bienveillante ne se limite pas à lutter contre la toxicité. Il s'agit de créer un environnement de travail empreint de respect, d'inclusion et d'encouragement, dans lequel chaque employé peut s'épanouir. Faire progresser une transformation positive exige un effort concerté de la part des individus, des dirigeants et des organisations pour favoriser une éthique du travail qui valorise le bien-être, la coopération et l'avancement.

Les individus jouent un rôle essentiel dans la propulsion d'une transformation positive au sein de leurs organisations. En incarnant des vertus comme le respect, l'attention et la sensibilité dans leurs interactions avec leurs pairs, les individus peuvent contribuer à un milieu de respect mutuel et de collaboration. Cela comprend la dénonciation des comportements toxiques, le soutien aux collègues confrontés à l'adversité et la défense de normes et de politiques inclusives.

Les organisations doivent également mettre en place des mesures systémiques pour favoriser une transformation positive et cultiver une atmosphère de travail bienveillante pour tous les employés. Cela comprend la mise en œuvre de politiques et de protocoles qui abordent les comportements toxiques, tels que des interdictions strictes contre le harcèlement et la discrimination, des canaux clairs pour déposer et régler les griefs, et une formation régulière sur des thèmes tels que la diversité, l'équité et l'inclusion. En outre, elles peuvent également investir dans des initiatives et des programmes qui améliorent le bien-être des employés, notamment des programmes d'aide aux employés, des ressources de soutien en santé mentale et des efforts pour encourager l'équilibre entre vie professionnelle et vie privée. En donnant la priorité au bien-être holistique de leur personnel, les organisations peuvent engendrer une culture caractérisée par la confiance, la résilience et l'engagement, produisant des résultats favorables pour les individus et l'organisation dans son ensemble.

Le Rôle du Leadership Dans la Lutte Contre la Toxicité Sur le Lieu de Travail et sa Prévention

Le rôle du leadership est lourdement chargé du devoir de gérer et de prévenir la toxicité sur le lieu de travail. En tant qu'architectes de la culture de l'entreprise, les dirigeants ont le pouvoir de façonner les normes, les valeurs et les comportements qui définissent l'environnement de l'entreprise. L'impulsion du changement positif est principalement portée par le leadership. Ils ont une influence symbolique sur la construction de la fibre morale de l'entreprise et sur la conduite qu'ils souhaitent voir se refléter par leur équipe.

De plus, les dirigeants ont pour tâche de placer le bien-être de leur équipe au premier plan en favorisant une communication claire, en ouvrant la voie à l'avancement professionnel et en favorisant un environnement de soutien. Cela implique d'écouter attentivement les commentaires des employés, de s'attaquer rapidement aux problèmes qui surviennent et de défendre des politiques et des pratiques qui favorisent un équilibre entre la vie professionnelle et personnelle, ainsi que la santé mentale.

Les dirigeants ont également la responsabilité de montrer l'exemple en maintenant une atmosphère de travail sûre et amicale. Cela comprend la démonstration d'honnêteté, d'empathie et d'équité dans les relations avec les employés et les collègues. Les dirigeants qui pratiquent un comportement respectueux et inclusif établissent une norme pour l'ensemble de l'entreprise, en démontrant une position de tolérance zéro à l'égard des actions toxiques et en renforçant le respect et la valeur de chaque membre de l'équipe.

En outre, les dirigeants doivent investir dans des initiatives éducatives et axées sur la croissance qui prônent un comportement constructif sur le lieu de travail et favorisent une culture de respect et d'inclusion. Cela implique de dispenser des formations dans des domaines tels que la communication efficace, la gestion des conflits, la sensibilisation aux préjugés inconscients et les principes de diversité, d'équité et d'inclusion.

Au-delà de la simple gestion de la toxicité actuelle, les dirigeants sont également chargés de prendre des mesures proactives pour empêcher que de tels problèmes ne surviennent. Cela implique d'établir des normes et des attentes claires en matière de comportement, de mettre en œuvre des règles et des procédures interdisant le harcèlement et la discrimination, et de cultiver un environnement dans lequel les employés se sentent en confiance pour exprimer leurs préoccupations.

Stratégies Pour Revitaliser les Environnements de Travail Afin de Favoriser le Travail D'équipe et L'excellence

Il est essentiel d'établir une atmosphère de travail prospère et positive pour le bien-être du personnel et la prospérité de l'entreprise. Faire face à une culture organisationnelle préjudiciable nécessite l'adoption de stratégies efficaces pour une refonte positive. Vous trouverez ci-dessous des stratégies pour transformer un environnement négatif en une culture de soutien et de performance optimale:

1. **Pratiques de communication améliorées:**
- Promouvoir une culture d'ouverture dans la communication à tous les échelons. Il est essentiel que les membres du personnel soient à l'aise pour exprimer leurs préoccupations, partager des idées et donner leur avis.

- Cultiver une culture d'écoute attentive au sein du personnel et parmi les dirigeants. Des mises à jour fréquentes, des forums communautaires et des mécanismes de rétroaction confidentiels peuvent contribuer à cet effort.

2. Leadership Exemplaire:

- L'influence du leadership dans le façonnement de la culture de l'entreprise est essentielle. Ils doivent incarner la conduite qu'ils souhaitent voir dans leur équipe.
- Faire preuve de compassion, de dignité et d'impartialité. Un leadership qui valorise le bien-être de ses employés établit un ton organisationnel louable.

3. Gestion Efficace des Conflits:

- Régler les conflits rapidement et positivement. Doter les superviseurs et le personnel de compétences en matière de résolution des conflits.
- Promouvoir un esprit de coopération et de concession mutuelle. En période de conflit, l'accent doit être mis sur la conception de solutions plutôt que sur la désignation de coupables.

4. Favoriser un Espace Sûr Pour L'innovation:
- Créer un environnement où il est sûr de prendre des risques calculés, de proposer de nouveaux concepts et de reconnaître les erreurs.
- Applaudir les moments éducatifs et les progrès en matière de développement plutôt que les revers pénalisants.

5. Reconnaissance et Gratitude:

- Exprimer systématiquement sa gratitude pour le travail acharné des employés. Reconnaître les réalisations, qu'elles soient importantes ou mineures.
- Une telle reconnaissance peut remonter le moral et encourager la poursuite d'actions positives.

6. Formation Continue et Avancement:

- S'engager dans une formation continue et l'amélioration des compétences. Offrir des moyens au personnel de faire progresser ses compétences.
- Les initiatives éducatives peuvent renforcer les performances et la satisfaction au travail, conduisant à une culture de réussite élevée.

7. Définir les Rôles et les Ambitions:

- Établir des repères transparents pour les performances et les objectifs. Il est important que les employés comprennent leurs tâches et ce que l'on attend d'eux.

- Évaluer périodiquement les progrès et proposer des critiques constructives. Veiller à ce que les ambitions personnelles soient en harmonie avec la vision de l'entreprise.

8. Encourager L'équilibre Entre Travail et vie Personnelle:

- Soutenir une approche équilibrée de la vie professionnelle et personnelle. S'abstenir de surcharger le personnel avec des charges de travail excessives.

- Des conditions de travail adaptables, des initiatives en matière de santé et un soutien psychologique peuvent favoriser un climat de travail plus agréable.

9. Éliminer L'intimidation et les Préjugés:
- Formuler des réglementations strictes contre l'intimidation, les préjugés et le harcèlement sur le lieu de travail.
- Examiner rapidement les griefs et mettre en œuvre des mesures appropriées pour maintenir une atmosphère courtoise.

10. Adopter et Valoriser la Diversité:
- Accueillir l'ensemble de la diversité. Développer une culture d'inclusion où chaque individu se sent estimé et intégré.

- Apprécier les avantages distincts que des expériences et des points de vue divers apportent à l'entreprise.

Il est important de noter que l'évolution de la culture du lieu de travail est un processus graduel qui exige un dévouement sans faille. En mettant ces stratégies en pratique, les entreprises peuvent créer un environnement propice à l'engagement des employés, aux efforts de coopération et à une performance optimale.

Maintenir la Dynamique: Assurer la Viabilité à Long Terme d'un Environnement de Travail Positif

La culture d'une culture dynamique sur le lieu de travail est un élément clé de la réussite organisationnelle. Une telle culture nourrit l'engagement, l'efficacité et le bien-être des employés. L'effort visant à inculquer cette culture n'est pas une tâche passagère, mais un engagement perpétuel qui exige une action réfléchie. Ce discours se penche sur les méthodologies nécessaires pour maintenir la dynamique et préserver une culture de travail stimulante dans un avenir prévisible.

1. **Évaluation et Modification Continues**

   La longévité d'une culture propice à la productivité dépend de l'évaluation régulière de sa vitalité. En utilisant des enquêtes auprès des employés, des canaux de rétroaction et des indicateurs de performance, les organisations peuvent surveiller le pouls de leur santé culturelle. L'adaptabilité est la marque d'une culture résiliente, permettant un réétalonnage en réponse à la croissance interne et aux changements externes.

2. **Inébranlable Sur les Principes Fondamentaux**

Les principes fondamentaux d'une organisation sont la boussole qui guide sa culture. Ces principes doivent être formulés avec clarté et intégrés dans la vie quotidienne de l'organisation. Grâce à un renforcement constant, manifesté dans les récits de l'entreprise, les rassemblements collectifs et les distinctions, ces principes s'ancrent dans la psyché organisationnelle.

3. **Dévouement de la Part des Dirigeants**

Les échelons de direction contribuent à façonner le paysage culturel. Leur dévouement indéfectible à l'incarnation de la culture n'est pas négociable. La formation des dirigeants doit englober l'entretien d'une atmosphère de soutien autant que le perfectionnement du sens stratégique. Un leadership qui défend la cause de la prospérité des employés crée un précédent louable.

4. Participation et Autonomisation Inclusives

La participation des employés à l'élaboration de la culture engendre un sentiment d'appartenance et d'autonomisation. La formation de comités ou de groupes dédiés aux questions culturelles permet une implication de la base dans la gestion culturelle. Lorsque les individus sont investis de la propriété culturelle, ils deviennent l'avant-garde d'une transformation positive.

5. Promouvoir un état D'esprit Progressiste

Un état d'esprit progressiste est la pierre angulaire d'une culture qui valorise le perfectionnement. Les organisations doivent établir des voies pour la libre circulation des idées et de l'ingéniosité. Que ce soit par le biais de forums ouverts, de sessions collaboratives ou d'équipes interdisciplinaires, une culture qui valorise le progrès assure son propre dynamisme.

6. Intégration et Formation Complètes

L'initiation culturelle des nouveaux arrivants doit commencer dès le départ. Les processus d'intégration qui transcendent l'orientation technique pour transmettre des valeurs culturelles préparent le terrain pour l'alignement. Des sessions de formation périodiques pour tout le personnel servent à rafraîchir ces valeurs et à faciliter la croissance personnelle et professionnelle.

7. **Clarté et Équité dans la Gouvernance**

   La clarté dans la gouvernance favorise la confiance au sein du personnel. Les employés doivent bien connaître les réglementations organisationnelles et leur application équitable. La réévaluation périodique des politiques garantit qu'elles restent en phase avec les aspirations culturelles et les normes éthiques de l'organisation.

8. **Visionnaire en Matière de Prospective Culturelle**

   Une approche visionnaire du développement culturel est essentielle.

Cette vision doit entrer en résonance avec les aspirations stratégiques de l'organisation. En partageant cette vision avec tous les employés, elle devient partie intégrante du processus de prise de décision et un guide pour les efforts futurs.

Conclusion

Dans notre effort pour aborder et transformer les cultures de travail toxiques en cultures de travail positives et productives, nous avons examiné une variété de stratégies et de principes essentiels pour atteindre le succès. De l'engagement de la direction à l'évaluation continue, en passant par la communication efficace et la promotion de l'inclusion et de la diversité, chaque élément joue un rôle essentiel dans l'entretien d'un environnement de travail sain propice à l'épanouissement des employés.

Il est évident que la construction et le maintien d'une culture de travail saine ne sont pas une entreprise singulière, mais plutôt un voyage continu qui exige dévouement, attention et adaptabilité. En donnant la priorité à l'engagement de la direction, à l'évaluation continue, à la communication efficace, à la formation et au développement, en favorisant l'inclusion et la diversité, en reconnaissant et en récompensant les comportements positifs et en s'efforçant perpétuellement de s'améliorer, les organisations peuvent créer des environnements où les employés sont estimés, respectés et habilités à réaliser leur plein potentiel.

Au fur et à mesure que nous progressons, rappelons-nous que la tâche de construire et de maintenir une culture de travail saine est une obligation partagée qui nécessite l'effort collectif des dirigeants, des employés et des organisations. Grâce à des efforts collaboratifs, nous pouvons créer des lieux de travail exempts de toute toxicité, où chacun se sent soutenu, impliqué et capable de s'épanouir.

Enfin, restons déterminés à favoriser des cultures de respect, d'inclusion et de collaboration, où chaque individu est valorisé et habilité à apporter ses compétences et ses perspectives uniques. Ensemble, nous pouvons cultiver des lieux de travail qui non seulement propulsent le succès organisationnel, mais enrichissent également la vie de tous ceux qui y participent.

www.ingramcontent.com/pod-product-compliance
Lightning Source LLC
Chambersburg PA
CBHW030443220526
45464CB00006B/2393